Impressum
Verlag: BABADADA GmbH, Nedderfeld 112 , 22529 Hamburg
Geschäftsführer / Verlagsleitung: Harald Hof
Druck: Books on Demand GmbH, In de Tarpen 42, 22848 Norderstedt

Imprint
Publisher: BABADADA GmbH, Nedderfeld 112 , 22529 Hamburg, Germany
Managing Director / Publishing direction: Harald Hof
Print: Books on Demand GmbH, In de Tarpen 42, 22848 Norderstedt, Germany

school
die Schule

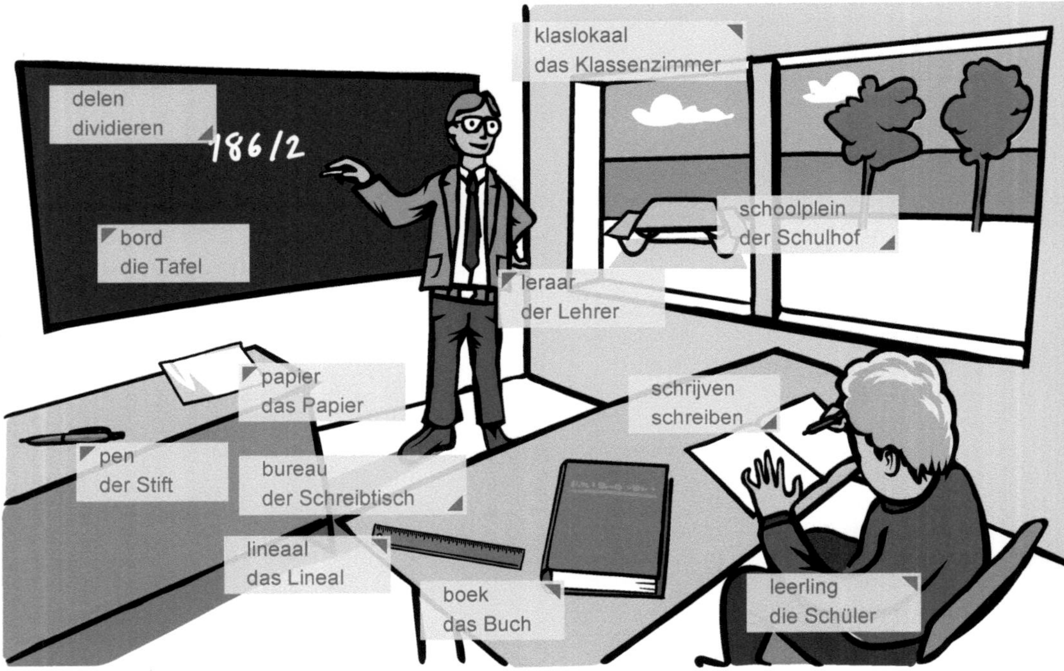
klaslokaal
das Klassenzimmer
delen
dividieren
186/2
bord
die Tafel
schoolplein
der Schulhof
leraar
der Lehrer
papier
das Papier
schrijven
schreiben
pen
der Stift
bureau
der Schreibtisch
lineaal
das Lineal
boek
das Buch
leerling
die Schüler

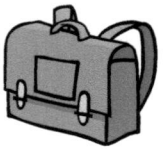

schooltas

der Ranzen

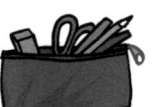

etui

die Federmappe

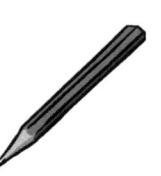

potlood

der Bleistift

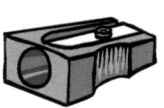

puntenslijper

der Bleistiftanspitzer

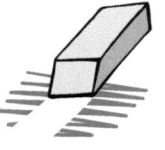

gum

das Radiergummi

schetsblok

der Zeichenblock

tekening

die Zeichnung

penseel

der Pinsel

verfdoos

der Malkasten

schaar

die Schere

lijm

der Klebstoff

schrift

das Übungsheft

huiswerk

die Hausaufgabe

12

getal

die Zahl

2+2

optellen

addieren

5-2

aftrekken

subtrahieren

2×2

vermenigvuldigen

multiplizieren

rekenen

rechnen

A

letter

der Buchstabe

ABCDEFG HIJKLMN OPQRSTU VWXYZ

alfabet

das Alphabet

hello

woord

das Wort

tekst
der Text

lezen
lesen

krijt
die Kreide

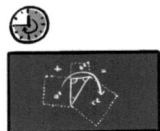

les
die Stunde

klassenboek
das Klassenbuch

examen
die Prüfung

diploma
das Zeugnis

schooluniform
die Schuluniform

opleiding
die Ausbildung

encyclopedie
das Lexikon

universiteit
die Universität

microscoop
das Mikroskop

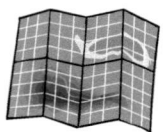

kaart
die Karte

prullenmand
der Papierkorb

reis

die Reise

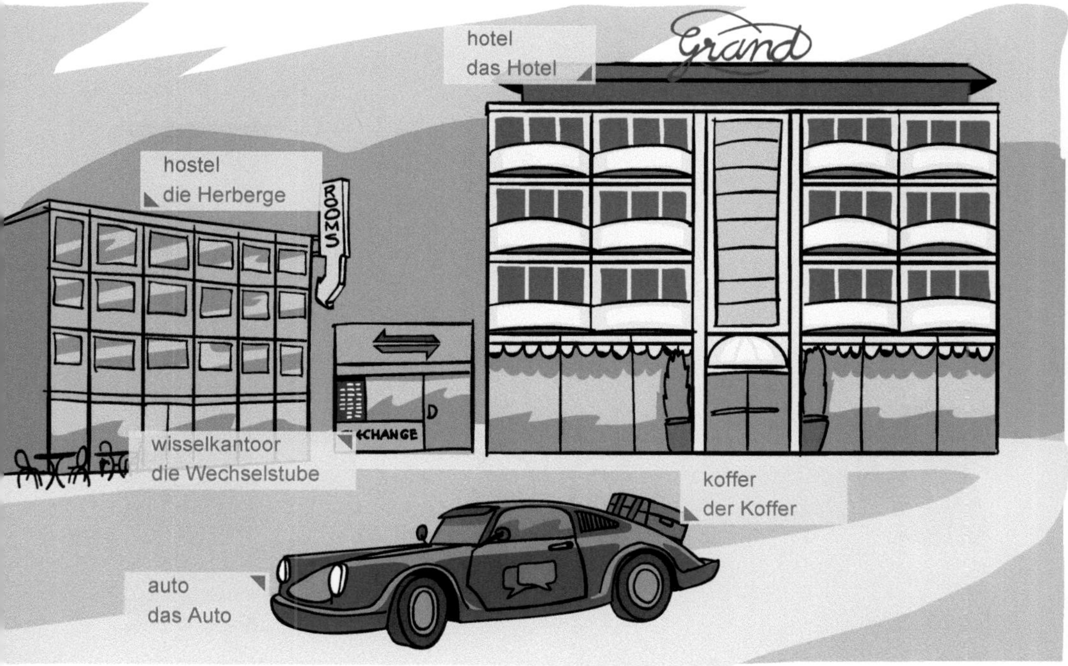

hotel
das Hotel
Grand
hostel
die Herberge
ROOMS
wisselkantoor
die Wechselstube
koffer
der Koffer
auto
das Auto

taal

die Sprache

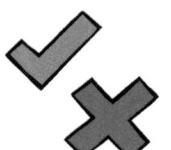

ja / nee

ja / nein

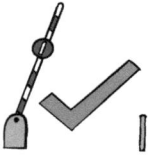

oké

Okay

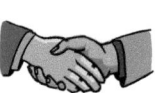

Hallo!

Hallo

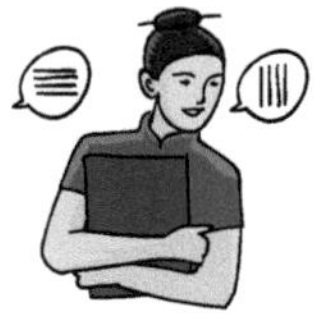

tolk

der Übersetzer

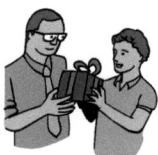

Bedankt.

Danke

Wat kost ...?

Was kostet...?

Ik begrijp het niet.

Ich verstehe nicht

probleem

das Problem

Goedenavond!

Guten Abend!

Goedemorgen!

Guten Morgen!

Goedenacht!

Gute Nacht!

Tot ziens!

Auf Wiedersehen

richting

die Richtung

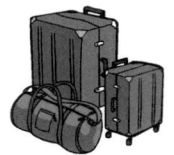

bagage

das Gepäck

tas

die Tasche

rugzak

der Rucksack

gast

der Gast

kamer

das Zimmer

slaapzak

der Schlafsack

tent

das Zelt

reis - die Reise

VVV-kantoor

die Touristeninformation

strand

der Strand

creditkaart

die Kreditkarte

ontbijt

das Frühstück

lunch

das Mittagessen

diner

das Abendessen

kaartje

die Fahrkarte

lift

der Fahrstuhl

postzegel

die Briefmarke

grens

die Grenze

douane

der Zoll

ambassade

die Botschaft

visum

das Visum

paspoort

der Pass

transport
der Transport

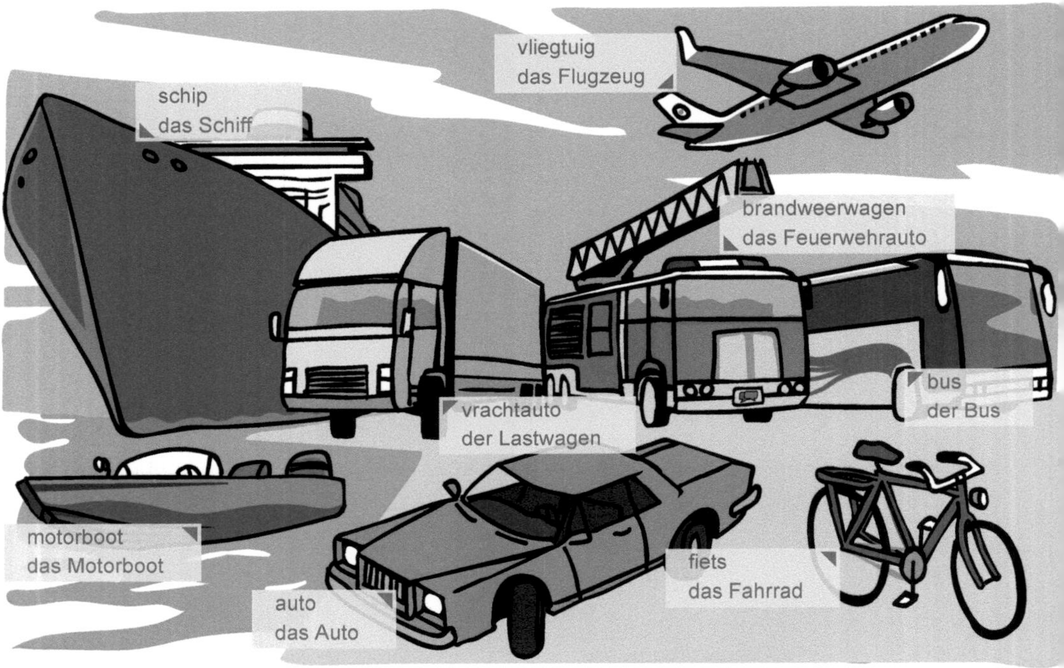
vliegtuig
das Flugzeug
schip
das Schiff
brandweerwagen
das Feuerwehrauto
bus
der Bus
vrachtauto
der Lastwagen
motorboot
das Motorboot
fiets
das Fahrrad
auto
das Auto

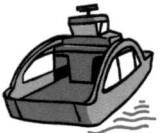

veerboot
die Fähre

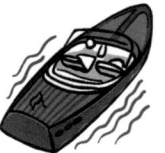

boot
das Boot

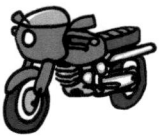

motorfiets
das Motorrad

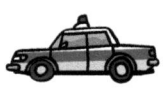

politiewagen
das Polizeiauto

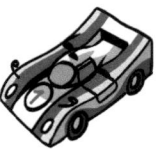

raceauto
das Rennauto

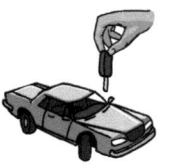

huurauto
der Mietwagen

carsharing

das Carsharing

takelwagen

der Abschleppwagen

vuilniswagen

das Müllauto

motor

der Motor

benzine

der Kraftstoff

benzinepomp

die Tankstelle

verkeersbord

das Verkehrsschild

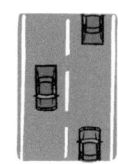

verkeer

der Verkehr

file

der Stau

parkeerplaats

der Parkplatz

station

der Bahnhof

rails

die Schienen

trein

der Zug

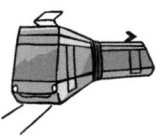

tram

die Straßenbahn

wagon

der Wagon

transport - der Transport

helikopter

der Helikopter

luchthaven

der Flughafen

toren

der Tower

passagier

der Passagier

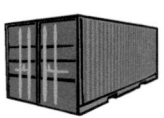

container

der Container

verhuisdoos

der Karton

kar

der Karren

mand

der Korb

opstijgen / landen

starten / landen

stad
die Stadt

dorp

das Dorf

stadscentrum

das Stadtzentrum

huis

das Haus

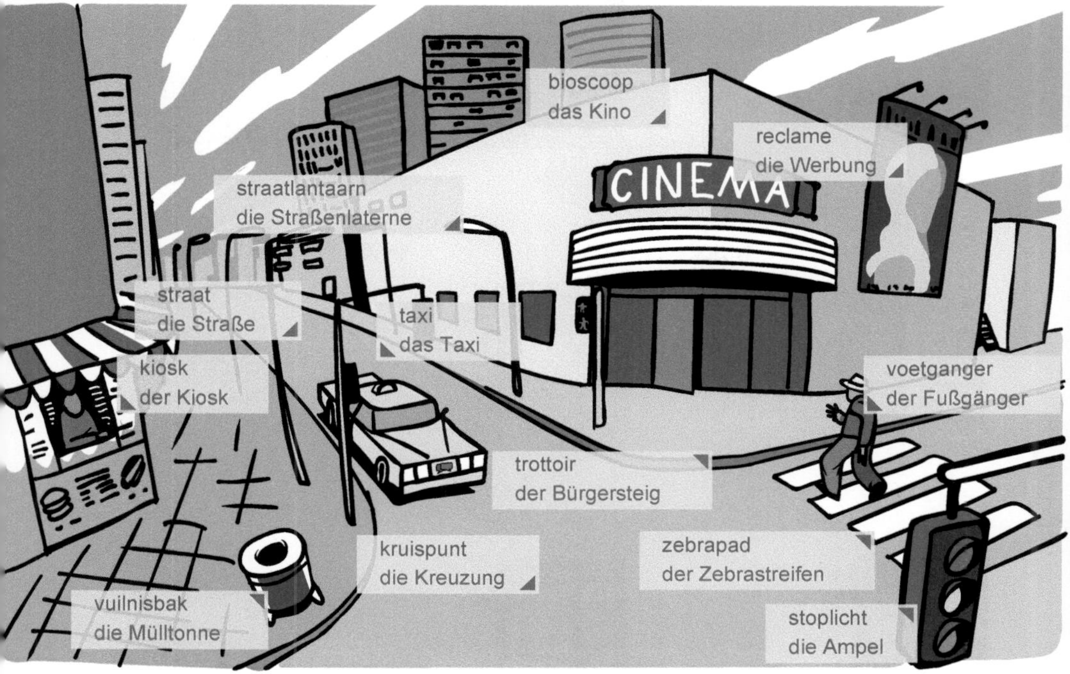

bioscoop
das Kino

reclame
die Werbung

straatlantaarn
die Straßenlaterne

CINEMA

straat
die Straße

taxi
das Taxi

kiosk
der Kiosk

voetganger
der Fußgänger

trottoir
der Bürgersteig

kruispunt
die Kreuzung

zebrapad
der Zebrastreifen

vuilnisbak
die Mülltonne

stoplicht
die Ampel

hut
die Hütte

appartement
die Wohnung

station
der Bahnhof

stadhuis
das Rathaus

museum
das Museum

school
die Schule

stad - die Stadt

universiteit

die Universität

bank

die Bank

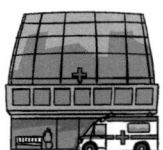

ziekenhuis

das Krankenhaus

hotel

das Hotel

apotheek

die Apotheke

kantoor

das Büro

boekenwinkel

die Buchhandlung

winkel

das Geschäft

bloemenwinkel

der Blumenladen

supermarkt

der Supermarkt

markt

der Markt

warenhuis

das Kaufhaus

visboer

der Fischhändler

winkelcentrum

das Einkaufszentrum

haven

der Hafen

park
der Park

bank
die Bank

brug
die Brücke

trap
die Treppe

metro
die U-Bahn

tunnel
der Tunnel

bushalte
die Bushaltestelle

bar
die Bar

restaurant
das Restaurant

brievenbus
der Briefkasten

straatnaambord
das Straßenschild

parkeermeter
die Parkuhr

dierentuin
der Zoo

zwembad
die Badeanstalt

moskee
die Moschee

boerderij
der Bauernhof

vervuiling
die Umweltverschmutzung

begraafplaats
der Friedhof

kerk
die Kirche

speelplaats
der Spielplatz

tempel
der Tempel

landschap
die Landschaft

blad
das Blatt

wegwijzer
der Wegweiser

weg
der Weg

weide
die Wiese

steen
der Stein

boom
der Baum

wandelaar
der Wanderer

rivier
der Fluss

gras
das Gras

bloem
die Blume

vallei

das Tal

berg

der Berg

meer

der See

bos

der Wald

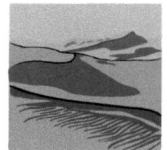

woestijn

die Wüste

vulkaan

der Vulkan

kasteel

das Schloss

regenboog

der Regenbogen

paddenstoel

der Pilz

palmboom

die Palme

mug

der Moskito

vlieg

die Fliege

mier

die Ameise

bij

die Biene

spin

die Spinne

landschap - die Landschaft

kever
der Käfer

kikker
der Frosch

eekhoorn
das Eichhörnchen

egel
der Igel

haas
der Hase

uil
die Eule

vogel
die Vogel

zwaan
der Schwan

wild zwijn
das Wildschwein

hert
der Hirsch

eland
der Elch

stuwdam
der Staudamm

windmolen
das Windrad

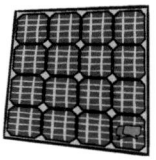

zonnepaneel
das Solarmodul

klimaat
das Klima

restaurant
das Restaurant

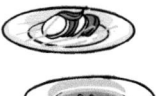

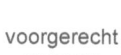

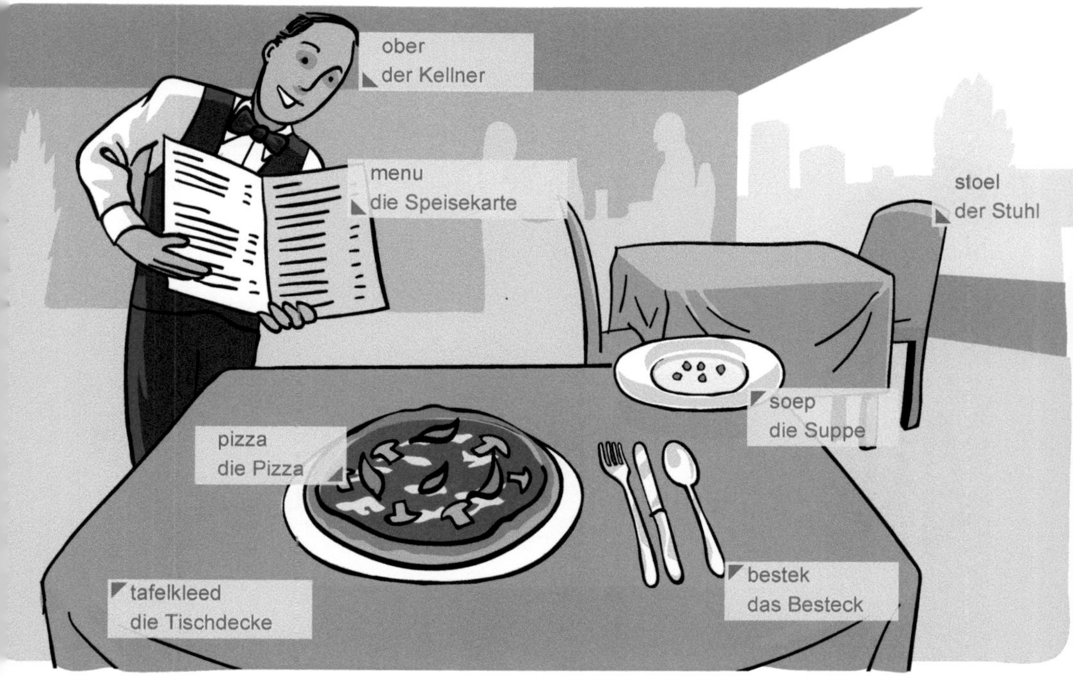
ober
der Kellner
menu
die Speisekarte
stoel
der Stuhl
soep
die Suppe
pizza
die Pizza
tafelkleed
die Tischdecke
bestek
das Besteck

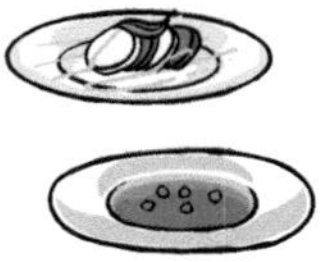

voorgerecht

die Vorspeise

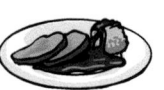

hoofdgerecht

das Hauptgericht

toetje

die Nachspeise

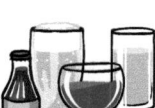

dranken

die Getränke

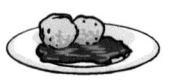

eten

das Essen

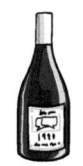

fles

die Flasche

fastfood

das Fastfood

eetkraampje

das Streetfood

theepot

die Teekanne

suikerpot

die Zuckerdose

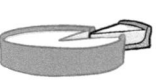

portie

die Portion

espressomachine

die Espressomaschine

kinderstoel

der Hochstuhl

rekening

die Rechnung

dienblad

das Tablett

mes

das Messer

vork

die Gabel

lepel

der Löffel

theelepel

der Teelöffel

servet

die Serviette

glas

das Glas

bord
....
der Teller

soepbord
....
der Suppenteller

schotel
....
die Untertasse

saus
....
die Sauce

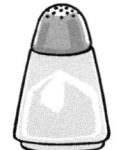

zoutvaatje
....
der Salzstreuer

pepermolen
....
die Pfeffermühle

azijn
....
der Essig

olie
....
das Öl

kruiden
....
die Gewürze

ketchup
....
das Ketchup

mosterd
....
der Senf

mayonaise
....
die Mayonnaise

supermarkt

der Supermarkt

aanbieding
das Angebot
FOR
klant
der Kunde
zuivelproducten
die Milchprodukte
fruit
das Obst
winkelwagen
der Einkaufswagen

BUTCHERS

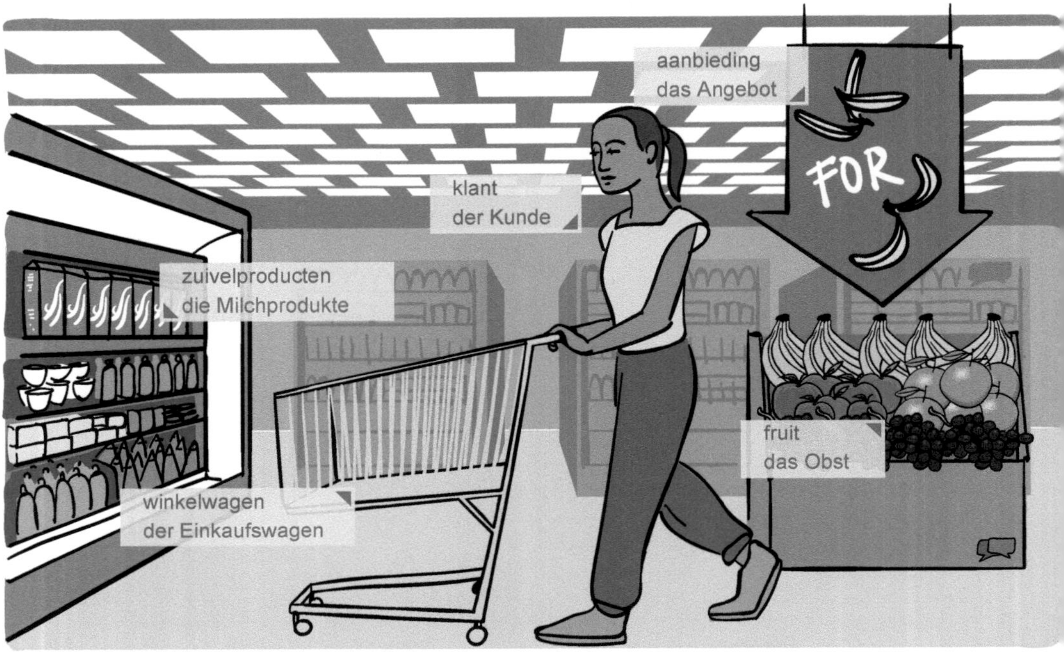

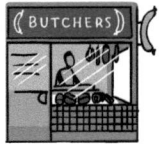

slager

die Schlachterei

BAKERY

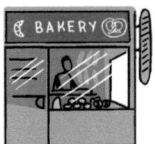

bakkerij

die Bäckerei

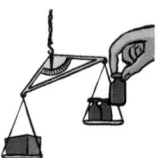

wegen

wiegen

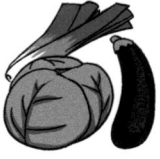

groente

das Gemüse

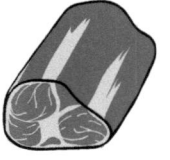

vlees

das Fleisch

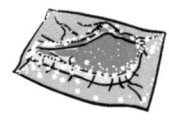

diepvriesproducten

die Tiefkühlkost

vleeswaren

der Aufschnitt

conserven

die Konserven

wasmiddel

das Waschmittel

snoepgoed

die Süßigkeiten

huishoudelijke artikelen

die Haushaltsartikel

schoonmaakmiddel

das Reinigungsmittel

verkoopster

die Verkäuferin

kassa

die Kasse

kassier

der Kassierer

boodschappenlijstje

die Einkaufsliste

openingstijden

die Öffnungszeiten

portefeuille

die Brieftasche

creditkaart

die Kreditkarte

tas

die Tasche

plastic zak

die Plastiktüte

water

das Wasser

sap

der Saft

melk

die Milch

cola

die Cola

wijn

der Wein

bier

das Bier

alcohol

der Alkohol

chocolademelk

der Kakao

thee

der Tee

koffie

der Kaffee

espresso

der Espresso

cappuccino

der Cappuccino

banaan

die Banane

appel

der Apfel

sinaasappel

die Orange

watermeloen

die Melone

citroen

die Zitrone

wortel

die Karotte

knoflook

der Knoblauch

bamboe

der Bambus

ui

die Zwiebel

paddenstoel

der Pilz

noten

die Nüsse

pasta

die Nudeln

spaghetti

die Spaghetti

rijst

der Reis

salade

der Salat

friet

die Pommes frites

gebakken aardappelen

die Bratkartoffeln

pizza

die Pizza

hamburger

der Hamburger

sandwich

das Sandwich

schnitzel

das Schnitzel

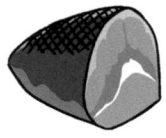

ham

der Schinken

salami

die Salami

worst

die Wurst

kip

das Huhn

gebraad

der Braten

vis

der Fisch

havermout

die Haferflocken

muesli

das Müsli

cornflakes

die Cornflakes

meel

das Mehl

croissant

das Croissant

broodjes

das Brötchen

brood

das Brot

toast

der Toast

koekjes

die Kekse

boter

die Butter

kwark

der Quark

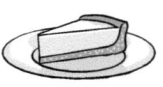

taart

der Kuchen

ei

das Ei

gebakken ei

das Spiegelei

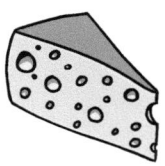

kaas

der Käse

ijs

die Eiscreme

suiker

der Zucker

honing

der Honig

jam

die Marmelade

chocoladepasta

die Nougat-Creme

kerrie

das Curry

boerderij
der Bauernhof

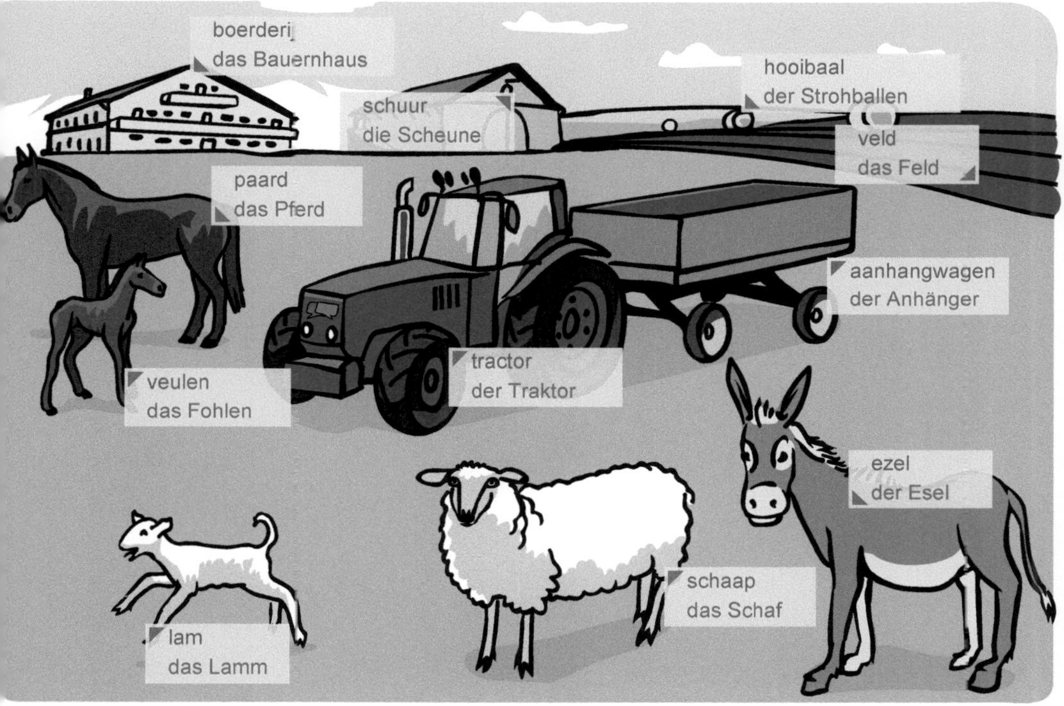

boerderij
das Bauernhaus
schuur
die Scheune
hooibaal
der Strohballen
veld
das Feld
paard
das Pferd
aanhangwagen
der Anhänger
veulen
das Fohlen
tractor
der Traktor
ezel
der Esel
schaap
das Schaf
lam
das Lamm

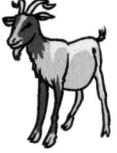

geit
die Ziege

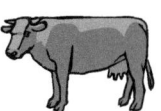

koe
die Kuh

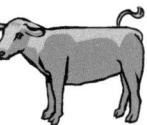

kalf
das Kalb

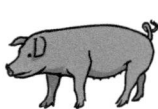

varken
das Schwein

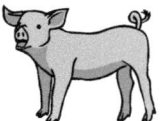

big
das Ferkel

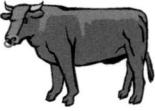

stier
der Bulle

gans

die Gans

eend

die Ente

kuiken

das Küken

kip

das Huhn

haan

der Hahn

rat

die Ratte

kat

die Katze

muis

die Maus

os

der Ochse

hond

der Hund

hondenhok

die Hundehütte

tuinslang

der Gartenschlauch

gieter

die Gießkanne

zeis

die Sense

ploeg

der Pflug

sikkel

die Sichel

schoffel

die Hacke

hooivork

die Mistgabel

bijl

die Axt

kruiwagen

die Schubkarre

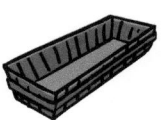

trog

der Trog

melkbus

die Milchkanne

zak

der Sack

hek

der Zaun

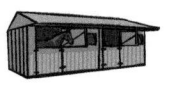

stal

der Stall

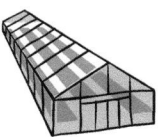

broeikas

das Treibhaus

grond

der Boden

zaad

die Saat

mest

der Dünger

maaidorser

der Mähdrescher

oogsten

ernten

oogst

die Ernte

yam

die Yamswurzel

tarwe

der Weizen

soja

das Soja

aardappel

die Kartoffel

maïs

der Mais

koolzaad

der Raps

fruitboom

der Obstbaum

maniok

der Maniok

granen

das Getreide

huis

das Haus

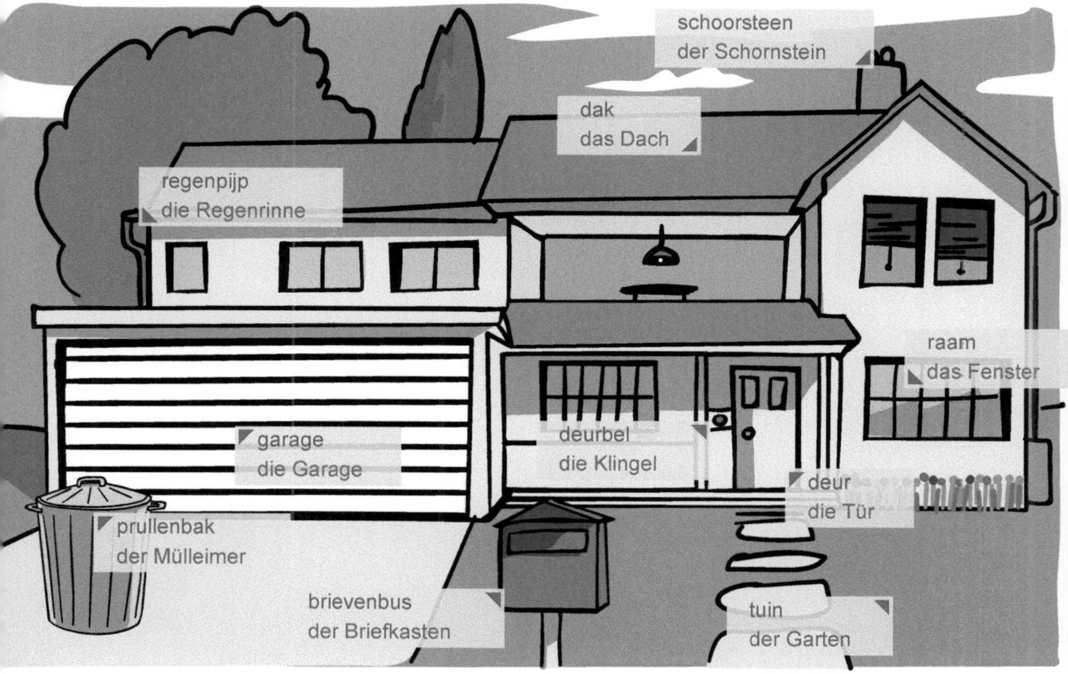
schoorsteen
der Schornstein
dak
das Dach
regenpijp
die Regenrinne
raam
das Fenster
deurbel
die Klingel
garage
die Garage
deur
die Tür
prullenbak
der Mülleimer
brievenbus
der Briefkasten
tuin
der Garten

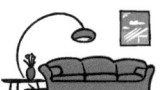

woonkamer

das Wohnzimmer

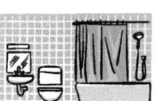

badkamer

das Badezimmer

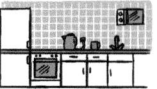

keuken

die Küche

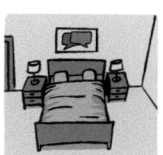

slaapkamer

das Schlafzimmer

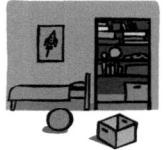

kinderkamer

das Kinderzimmer

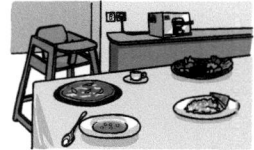

eetkamer

das Esszimmer

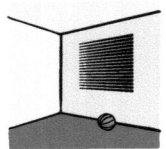

vloer
der Boden

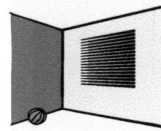

muur
die Wand

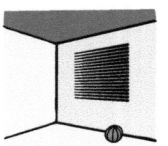

plafond
die Decke

kelder
der Keller

sauna
die Sauna

balkon
der Balkon

terras
die Terrasse

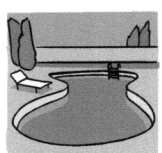

zwembad
das Schwimmbad

grasmaaier
der Rasenmäher

laken
der Bettbezug

bedsprei
die Bettdecke

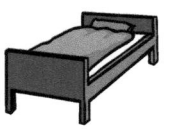

bed
das Bett

bezem
der Besen

emmer
der Eimer

schakelaar
der Schalter

behang
die Tapete

foto
das Bild

lamp
die Lampe

plank
das Regal

kast
der Schrank

open haard
der Kamin

televisie
der Fernseher

bloem
die Blume

kussen
das Kissen

bankstel
das Sofa

vaas
die Vase

afstandsbediening
die Fernbedienung

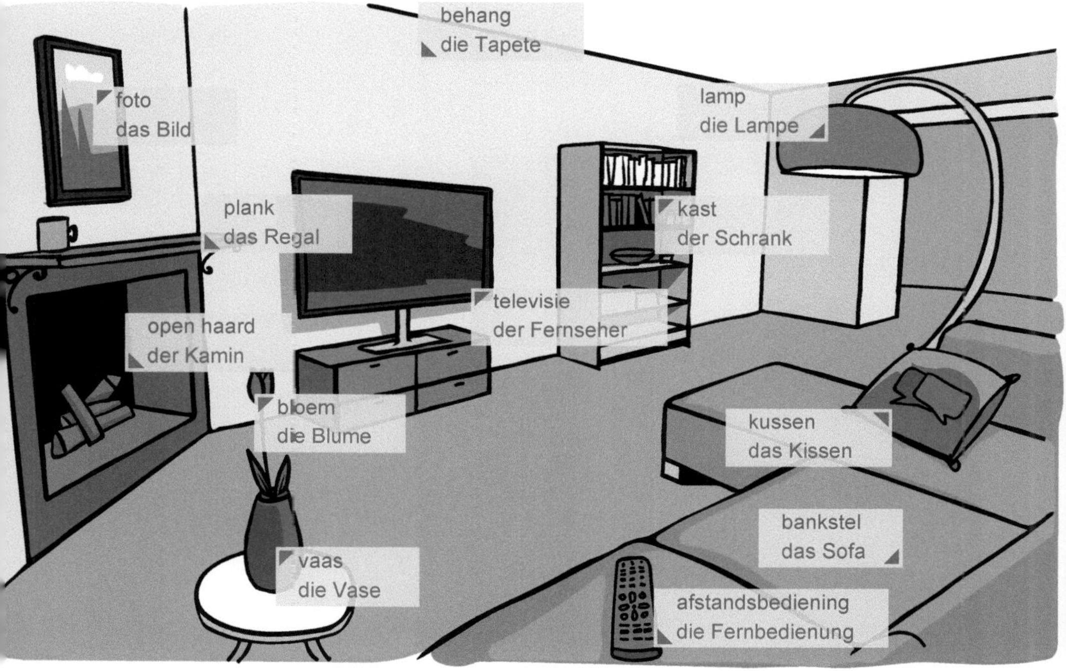

tapijt

der Teppich

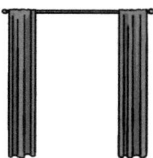

gordijn

der Vorhang

tafel

der Tisch

stoel

der Stuhl

schommelstoel

der Schaukelstoel

der Schaukelstuhl

stoel

der Sessel

boek

das Buch

deken

die Decke

decoratie

die Dekoration

brandhout

das Feuerholz

film

der Film

stereo-installatie

die Stereoanlage

sleutel

der Schlüssel

krant

die Zeitung

schilderij

das Gemälde

poster

das Poster

radio

das Radio

kladblok

der Notizblock

stofzuiger

der Staubsauger

cactus

der Kaktus

kaars

die Kerze

keuken
die Küche

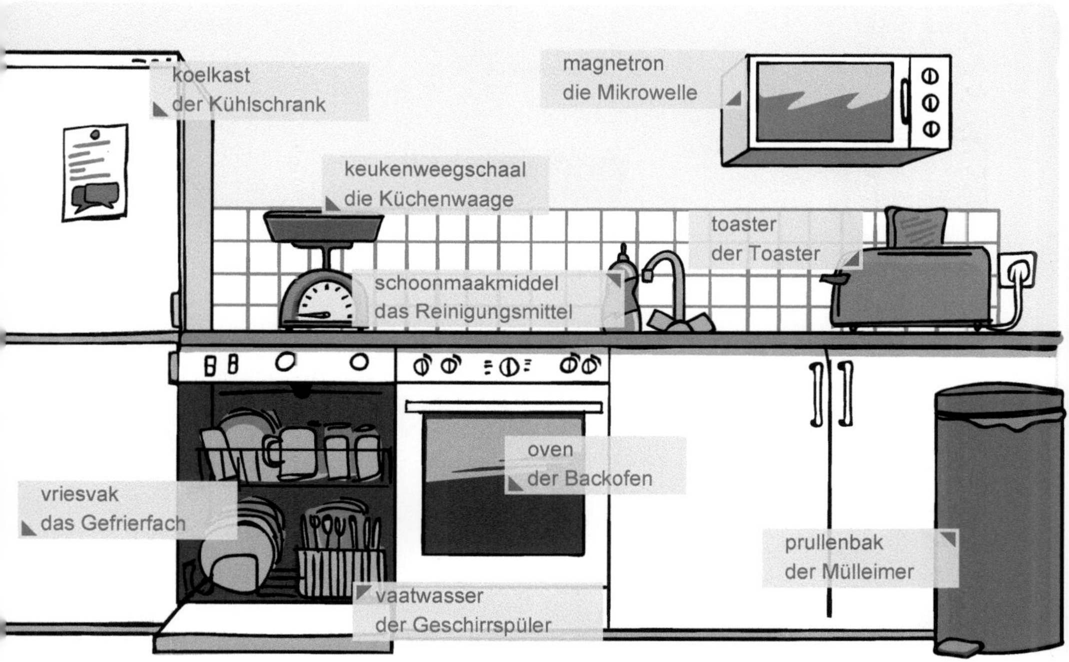
koelkast
der Kühlschrank
magnetron
die Mikrowelle
keukenweegschaal
die Küchenwaage
toaster
der Toaster
schoonmaakmiddel
das Reinigungsmittel
oven
der Backofen
vriesvak
das Gefrierfach
prullenbak
der Mülleimer
vaatwasser
der Geschirrspüler

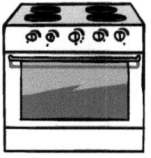

fornuis
der Herd

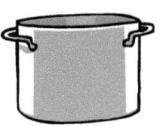

pan
der Topf

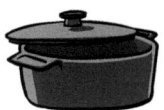

gietijzeren pan
der Eisentopf

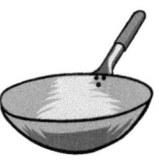

wok / kadai
der Wok / Kadai

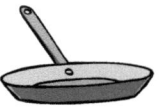

koekenpan
die Pfanne

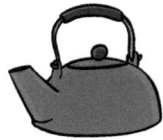

ketel
der Wasserkocher

stoomkoker

der Dampfgarer

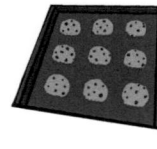

bakplaat

das Backblech

servies

das Geschirr

beker

der Becher

kom

die Schale

eetstokjes

die Essstäbchen

soeplepel

die Suppenkelle

spatel

der Pfannenwender

garde

der Schneebesen

vergiet

das Kochsieb

zeef

das Sieb

rasp

die Reibe

vijzel

der Mörser

barbecue

der Grill

vuurhaard

die Feuerstelle

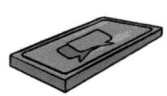

snijplank

das Schneidebrett

deegroller

das Nudelholz

kurkentrekker

der Korkenzieher

blik

die Dose

blikopener

der Dosenöffner

pannenlap

der Topflappen

wasbak

das Waschbecken

borstel

die Bürste

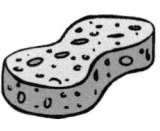

spons

der Schwamm

blender

der Mixer

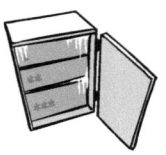

vriezer

die Gefriertruhe

babyflesje

die Babyflasche

kraan

der Wasserhahn

badkamer
das Badezimmer

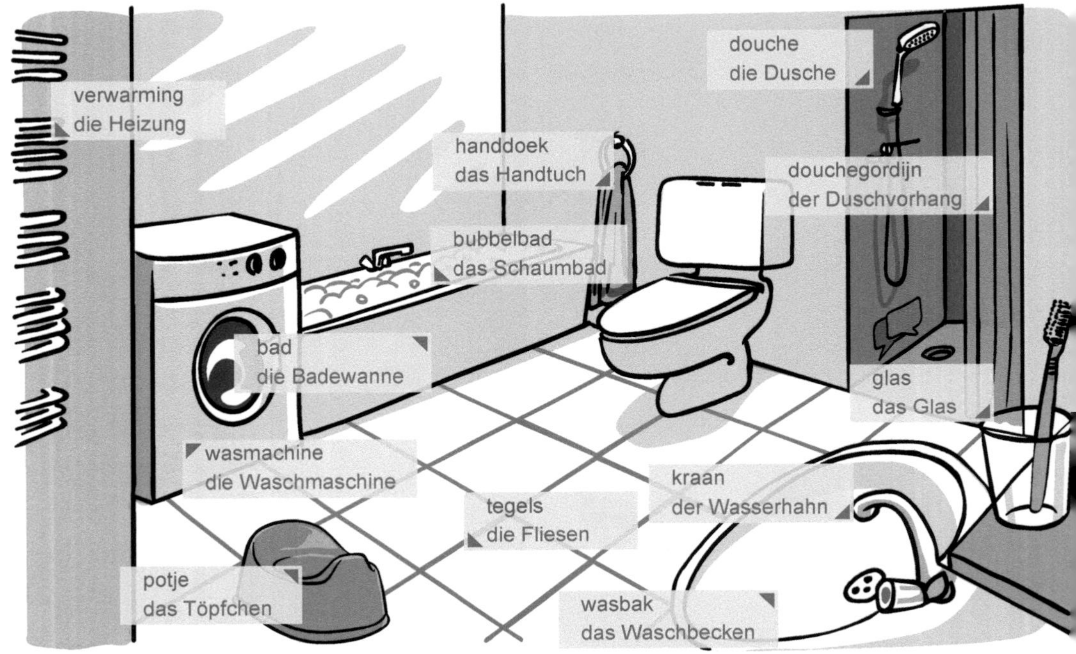

douche
die Dusche
verwarming
die Heizung
handdoek
das Handtuch
douchegordijn
der Duschvorhang
bubbelbad
das Schaumbad
bad
die Badewanne
glas
das Glas
wasmachine
die Waschmaschine
kraan
der Wasserhahn
tegels
die Fliesen
potje
das Töpfchen
wasbak
das Waschbecken

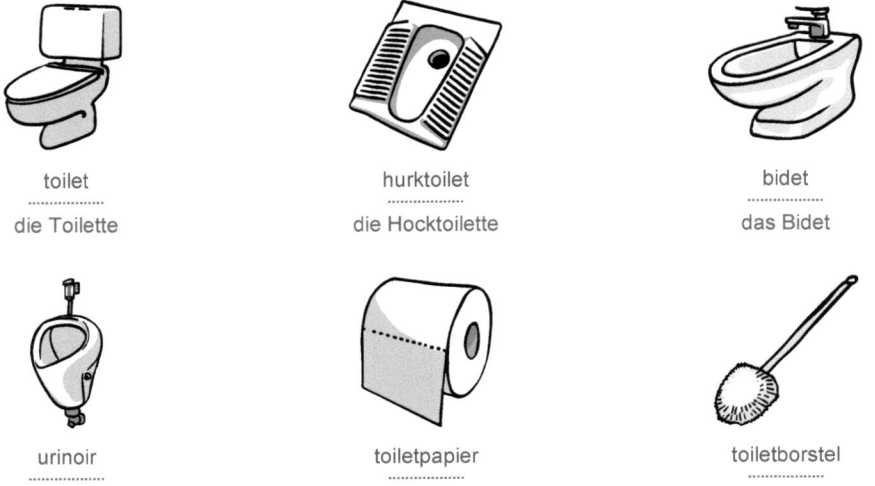

toilet

die Toilette

hurktoilet

die Hocktoilette

bidet

das Bidet

urinoir

das Pissoir

toiletpapier

das Toilettenpapier

toiletborstel

die Toilettenbürste

tandenborstel

die Zahnbürste

tandpasta

die Zahnpasta

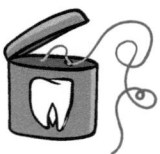

flosdraad

die Zahnseide

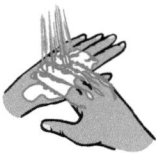

wassen

waschen

handdouche

die Handbrause

toiletdouche

die Intimdusche

waskom

die Waschschüssel

rugborstel

die Rückenbürste

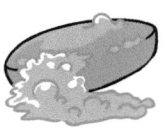

zeep

die Seife

douchegel

das Duschgel

shampoo

das Shampoo

washanje

der Waschlappen

afvoer

der Abfluss

creme

die Creme

deodorant

das Deodorant

spiegel

der Spiegel

make-upspiegel

der Kosmetikspiegel

scheermes

der Rasierer

scheerschuim

der Rasierschaum

aftershave

das Rasierwasser

kam

der Kamm

borstel

die Bürste

haardroger

der Föhn

haarspray

das Haarspray

make-up

das Makeup

lippenstift

der Lippenstift

nagellak

der Nagellack

watten

die Watte

nagelschaartje

die Nagelschere

parfum

das Parfum

toilettas

der Kulturbeutel

kruk

der Hocker

weegschaal

die Waage

badjas

der Bademantel

rubber handschoenen

die Gummihandschuhe

tampon

das Tampon

maandverband

die Damenbinde

chemisch toilet

die Chemietoilette

kinderkamer
das Kinderzimmer

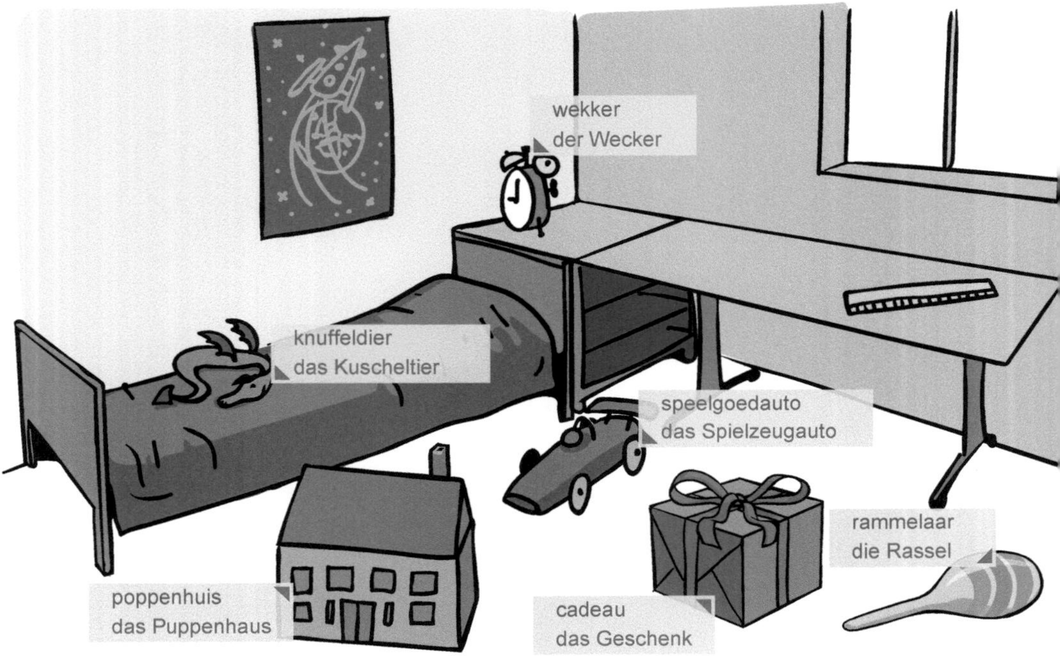
wekker
der Wecker
knuffeldier
das Kuscheltier
speelgoedauto
das Spielzeugauto
rammelaar
die Rassel
poppenhuis
das Puppenhaus
cadeau
das Geschenk

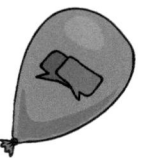

ballon
....
der Ballon

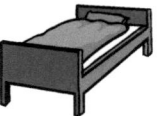

bed
....
das Bett

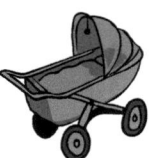

kinderwagen
....
der Kinderwagen

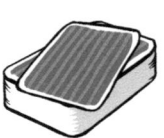

kaartspel
....
das Kartenspiel

puzzel
....
das Puzzle

SUPER
MEGA

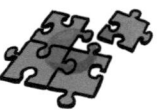

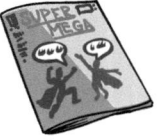

stripverhaal
....
der Comic

legostenen

die Legosteine

speelgoedblokken

die Bausteine

actiefiguurtje

die Action Figur

romper

der Strampelanzug

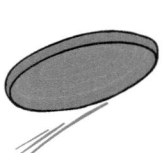

frisbee

das Frisbee

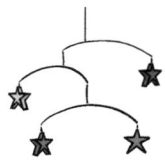

mobile

das Mobile

bordspel

das Brettspiel

dobbelsteen

der Würfel

modeltrein

die Modelleisenbahn

speen

der Schnuller

feestje

die Party

prentenboek

das Bilderbuch

bal

der Ball

pop

die Puppe

spelen

spielen

zandbak

der Sandkasten

schommel

die Schaukel

speelgoed

das Spielzeug

spelcomputer

die Spielkonsole

driewieler

das Dreirad

teddybeer

der Teddy

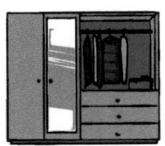

kleerkast

der Kleiderschrank

kleding
die Kleidung

sokken

die Socken

kousen

die Strümpfe

panty

die Strumpfhose

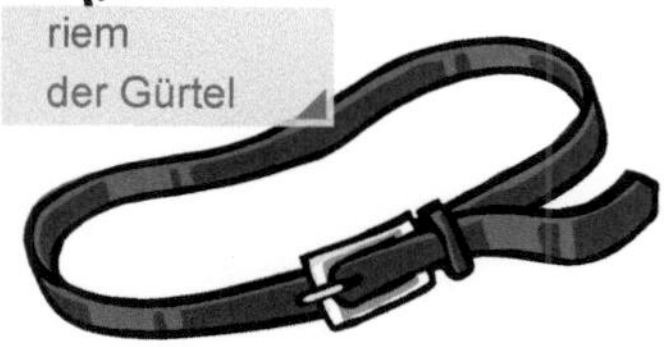

sjaal
der Schal

paraplu
der Regenschirm

riem
der Gürtel

T-shirt
das T-Shirt

sportschoenen
die Turnschuhe

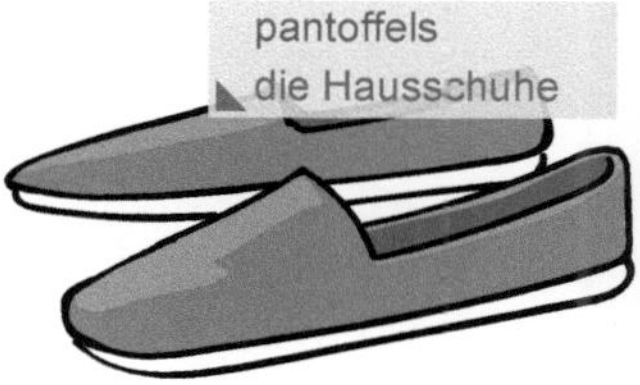

laarzen
der Stiefel

pantoffels
die Hausschuhe

sandalen
die Sandalen

schoenen
die Schuhe

rubberlaarzen
die Gummistiefel

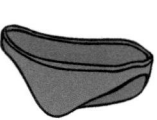

onderbroek
die Unterhose

beha
der Büstenhalter

onderhemd
das Unterhemd

kleding - die Kleidung

body
der Body

broek
die Hose

spijkerbroek
die Jeans

rok
der Rock

blouse
die Bluse

overhemd
das Hemd

trui
der Pullover

hoody
der Kapuzenpullover

blazer
der Blazer

jas
die Jacke

mantel
der Mantel

regenjas
der Regenmantel

kostuum
das Kostüm

jurk
das Kleid

trouwjurk
das Hochzeitskleid

pak
....
der Anzug

nachthemd
....
das Nachthemd

pyjama
....
der Schlafanzug

sari
....
der Sari

hoofddoek
....
das Kopftuch

tulband
....
der Turban

boerka
....
die Burka

kaftan
....
der Kaftan

abaja
....
die Abaya

zwempak
....
der Badeanzug

zwembroek
....
die Badehose

korte broek
....
die kurze Hose

trainingspak
....
der Trainingsanzug

schort
....
die Schürze

handschoenen
....
die Handschuhe

knoop

der Knopf

bril

die Brille

armband

das Armband

ketting

die Halskette

ring

der Ring

oorbel

der Ohrring

pet

die Mütze

kledinghanger

der Kleiderbügel

hoed

der Hut

stropdas

die Krawatte

rits

der Reißverschluss

helm

der Helm

bretels

der Hosenträger

schooluniform

die Schuluniform

uniform

die Uniform

slabbetje

das Lätzchen

speen

der Schnuller

luier

die Windel

kantoor
das Büro

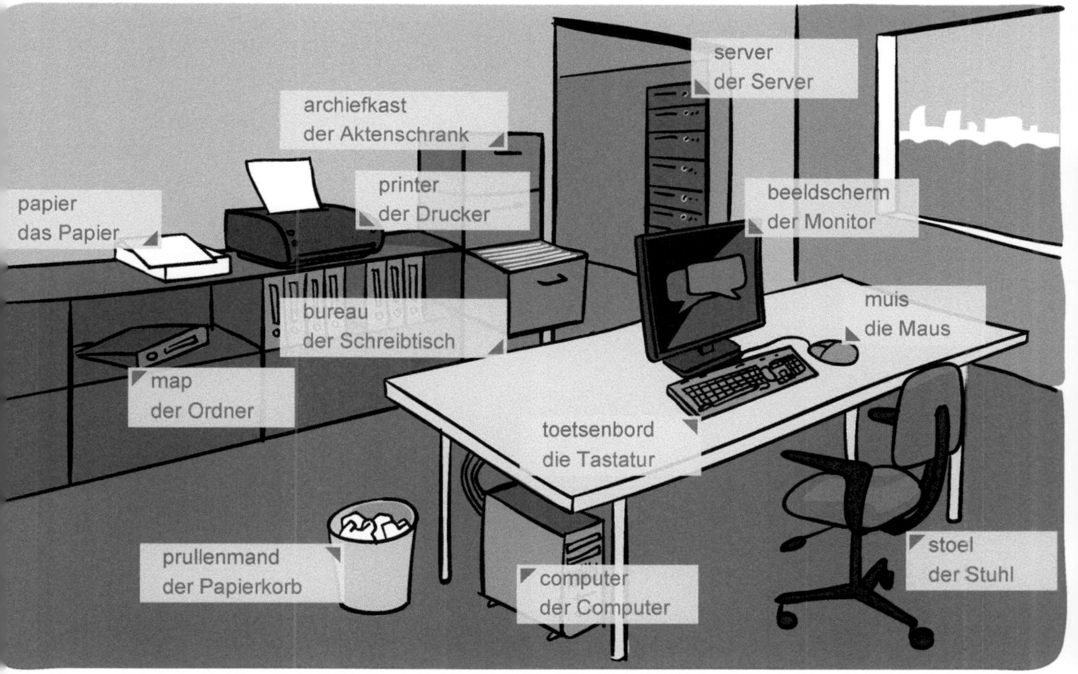

server
der Server

archiefkast
der Aktenschrank

printer
der Drucker

beeldscherm
der Monitor

papier
das Papier

bureau
der Schreibtisch

muis
die Maus

map
der Ordner

toetsenbord
die Tastatur

prullenmand
der Papierkorb

computer
der Computer

stoel
der Stuhl

koffiemok

der Kaffeebecher

rekenmachine

der Taschenrechner

internet

das Internet

laptop

der Laptop

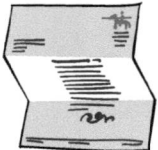

brief

der Brief

bericht

die Nachricht

mobiele telefoon

das Handy

netwerk

das Netzwerk

kopieermachine

der Kopierer

software

die Software

telefoon

das Telefon

stopcontact

die Steckdose

fax

das Fax

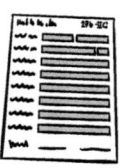

formulier

das Formular

document

das Dokument

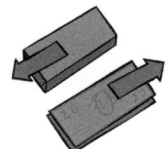

kopen

kaufen

betalen

bezahlen

handel drijven

handeln

geld

das Geld

dollar

der Dollar

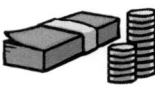

euro

der Euro

yen

der Yen

roebel

der Rubel

Zwitserse frank

der Franken

renminbi yuan

der Renminbi Yuan

roepie

die Rupie

geldautomaat

der Geldautomat

wisselkantoor

die Wechselstube

goud

das Gold

zilver

das Silber

olie

das Öl

energie

die Energie

prijs

der Preis

contract

der Vertrag

belasting

die Steuer

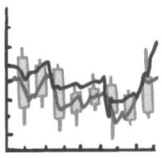

aandeel

die Aktie

werken

arbeiten

werknemer

der Angestellte

werkgever

der Arbeitgeber

fabriek

die Fabrik

winkel

das Geschäft

economie - die Wirtschaft

beroepen
die Berufe

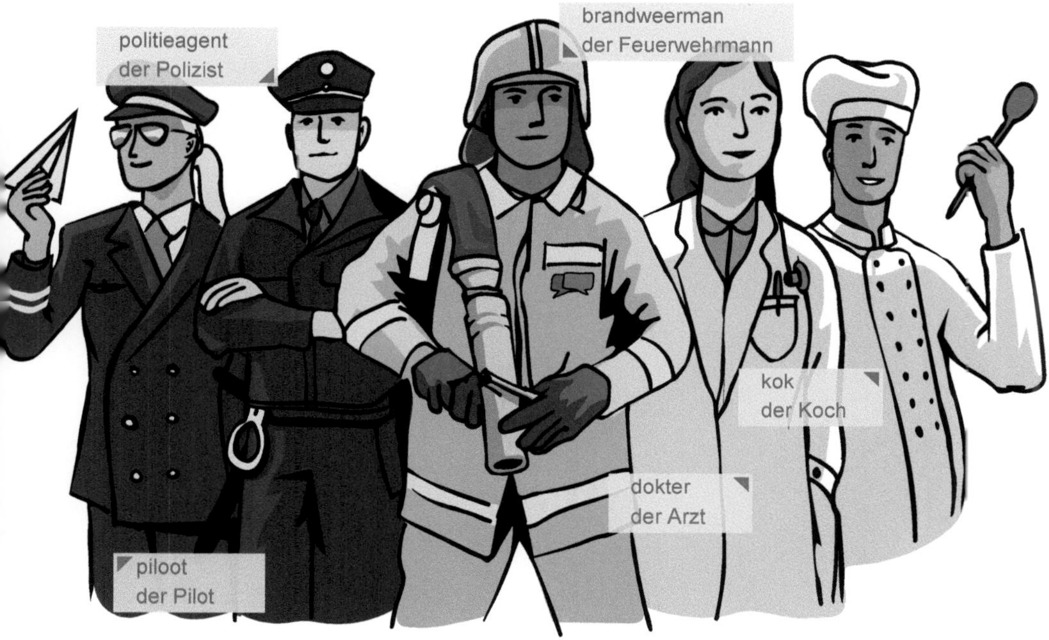

brandweerman
der Feuerwehrmann
politieagent
der Polizist
kok
der Koch
dokter
der Arzt
piloot
der Pilot

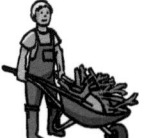

tuinman

der Gärtner

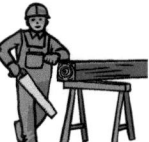

timmerman

der Tischler

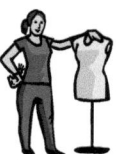

naaister

die Näherin

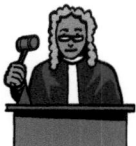

rechter

der Richter

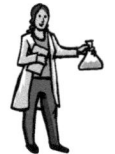

scheikundige

der Chemiker

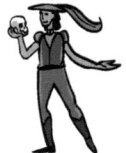

toneelspeler

der Schauspieler

buschauffeur

der Busfahrer

taxichauffeur

der Taxifahrer

visser

der Fischer

schoonmaakster

die Putzfrau

dakdekker

der Dachdecker

ober

der Kellner

jager

der Jäger

schilder

der Maler

bakker

der Bäcker

elektricien

der Elektriker

bouwvakker

der Bauarbeiter

ingenieur

der Ingenieur

slager

der Schlachter

loodgieter

der Klempner

postbode

der Postbote

soldaat

der Soldat

architect

der Architekt

kassier

der Kassierer

bloemist

der Florist

kapper

der Friseur

conducteur

der Schaffner

monteur

der Mechaniker

kapitein

der Kapitän

tandarts

der Zahnarzt

wetenschapper

der Wissenschaftler

rabbi

der Rabbi

imam

der Imam

monnik

der Mönch

pastoor

der Geistliche

gereedschap

die Werkzeuge

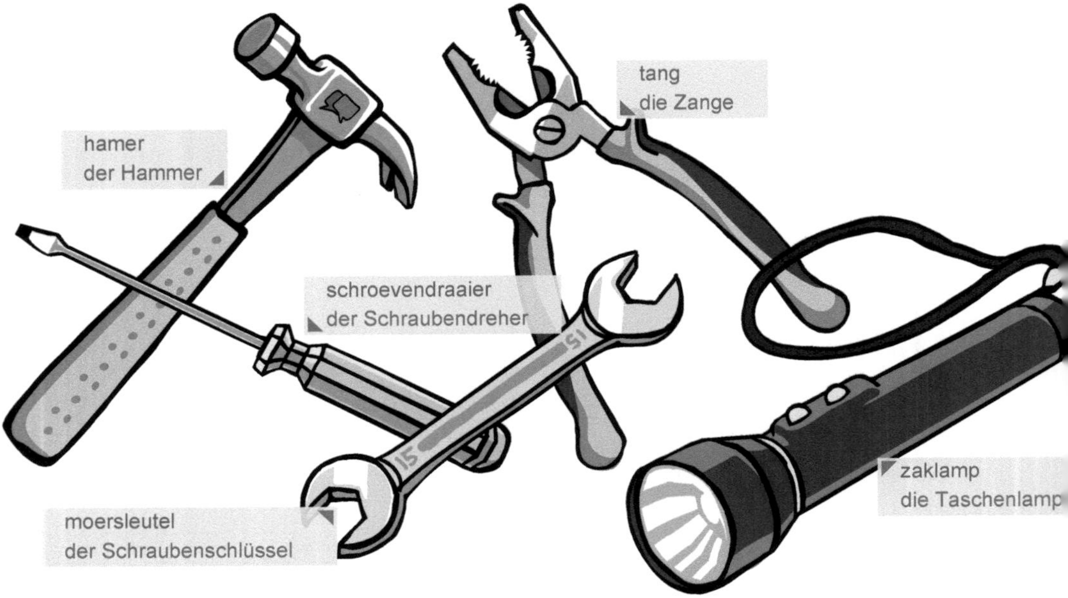
tang
die Zange
hamer
der Hammer
schroevendraaier
der Schraubendreher
zaklamp
die Taschenlamp
moersleutel
der Schraubenschlüssel

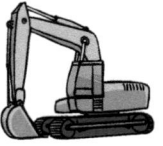

graafmachine

der Bagger

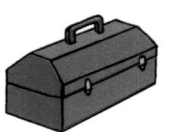

gereedschapskist

der Werkzeugkasten

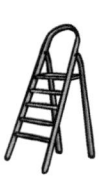

ladder

die Leiter

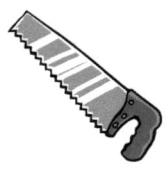

zaag

die Säge

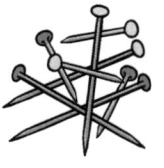

spijkers

die Nägel

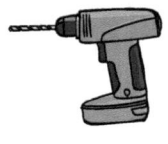

boor

der Bohrer

repareren
....
reparieren

schep
....
die Schaufel

Verdorie!
....
Mist!

stofblik
....
das Kehrblech

verfpot
....
der Farbtopf

schroeven
....
die Schrauben

muziekinstrumenten
die Musikinstrumente

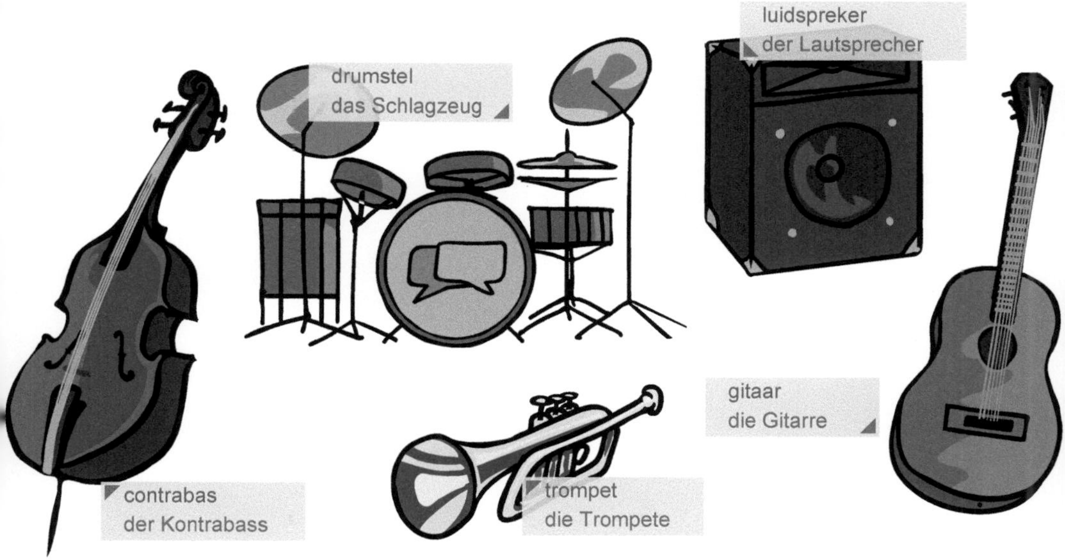

luidspreker
der Lautsprecher

drumstel
das Schlagzeug

gitaar
die Gitarre

contrabas
der Kontrabass

trompet
die Trompete

piano

das Klavier

viool

die Violine

bas

der Bass

pauk

die Pauke

trommel

die Trommeln

keyboard

das Keyboard

saxofoon

das Saxophon

fluit

die Flöte

microfoon

das Mikrofon

dierentuin

der Zoo

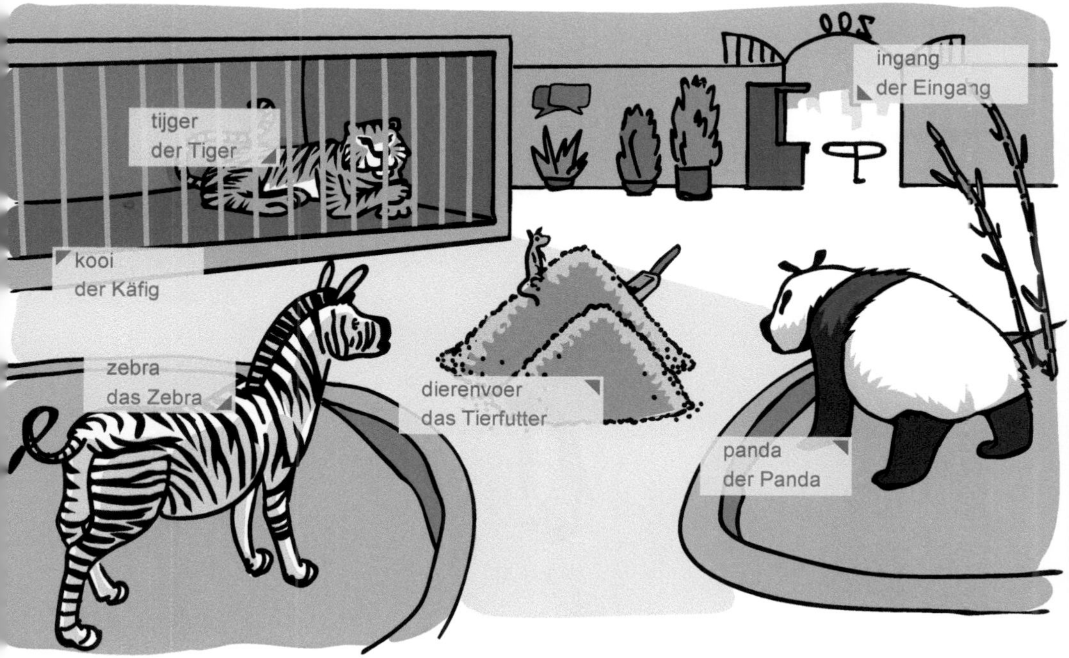
tijger
der Tiger
ingang
der Eingang
kooi
der Käfig
zebra
das Zebra
dierenvoer
das Tierfutter
panda
der Panda

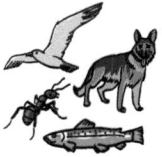

dieren

die Tiere

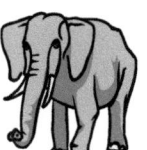

olifant

der Elefant

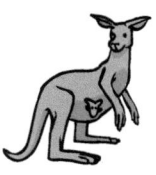

kangoeroe

das Känguruh

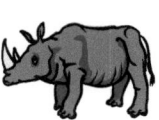

neushoorn

das Nashorn

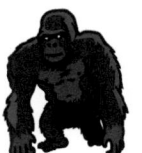

gorilla

der Gorilla

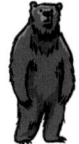

beer

der Bär

kameel

das Kamel

struisvogel

der Strauß

leeuw

der Löwe

aap

der Affe

flamingo

der Flamingo

papegaai

der Papagei

ijsbeer

der Eisbär

pinguïn

der Pinguin

haai

der Hai

pauw

der Pfau

slang

die Schlange

krokodil

das Krokodil

dierenverzorger

der Zoowärter

zeehond

die Robbe

jaguar

der Jaguar

pony
das Pony

luipaard
der Leopard

nijlpaard
das Nilpferd

giraffe
die Giraffe

adelaar
der Adler

wild zwijn
das Wildschwein

vis
der Fisch

schildpad
die Schildkröte

walrus
das Walross

vos
der Fuchs

gazelle
die Gazelle

dierentuin - der Zoo

American football
das American Football

wielrennen
das Radfahren

tennis
das Tennis

basketbal
der Basketball

zwemmen
das Schwimmen

boksen
das Boxen

ijshockey
das Eishockey

voetbal
der Fußball

badminton
das Badminton

atletiek
die Leichtathletik

handbal
der Handball

skiën
das Skilaufen

polo
das Polo

activiteiten
die Aktivitäten

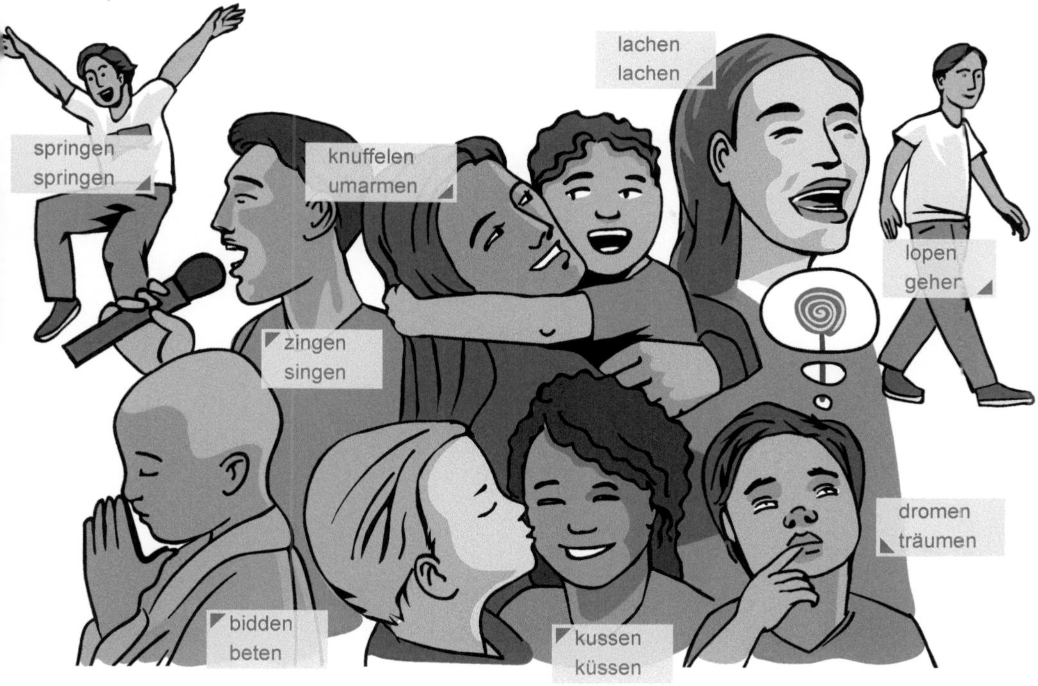
lachen
lachen
springen
springen
knuffelen
umarmen
lopen
geher
zingen
singen
dromen
träumen
bidden
beten
kussen
küssen

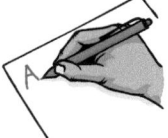

schrijven

schreiben

tekenen

zeichnen

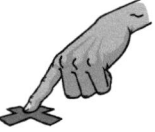

tonen

zeigen

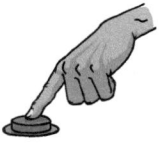

duwen

drücken

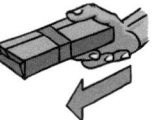

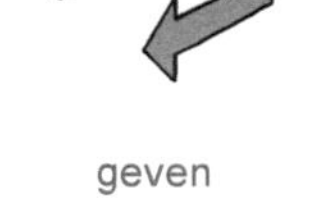

geven

geben

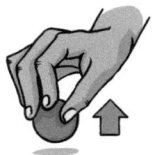

oppakken

nehmen

hebben

haben

doen

tun

zijn

sein

staan

stehen

rennen

laufen

trekken

ziehen

gooien

werfen

vallen

fallen

liggen

liegen

wachten

warten

dragen

tragen

zitten

sitzen

aankleden

anziehen

slapen

schlafen

wakker worden

aufwachen

bekijken

ansehen

huilen

weinen

strelen

streicheln

kammen

kämmen

praten

reden

begrijpen

verstehen

vragen

fragen

horen

hören

drinken

trinken

eten

essen

opruimen

aufräumen

houden van

lieben

koken

kochen

rijden

fahren

vliegen

fliegen

zeilen

segeln

rekenen

rechnen

lezen

lesen

leren

lernen

werken

arbeiten

trouwen

heiraten

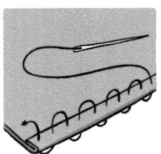

naaien

nähen

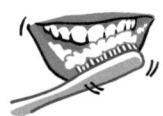

tandenpoetsen

Zähne putzen

doden

töten

roken

rauchen

verzenden

senden

familie
die Familie

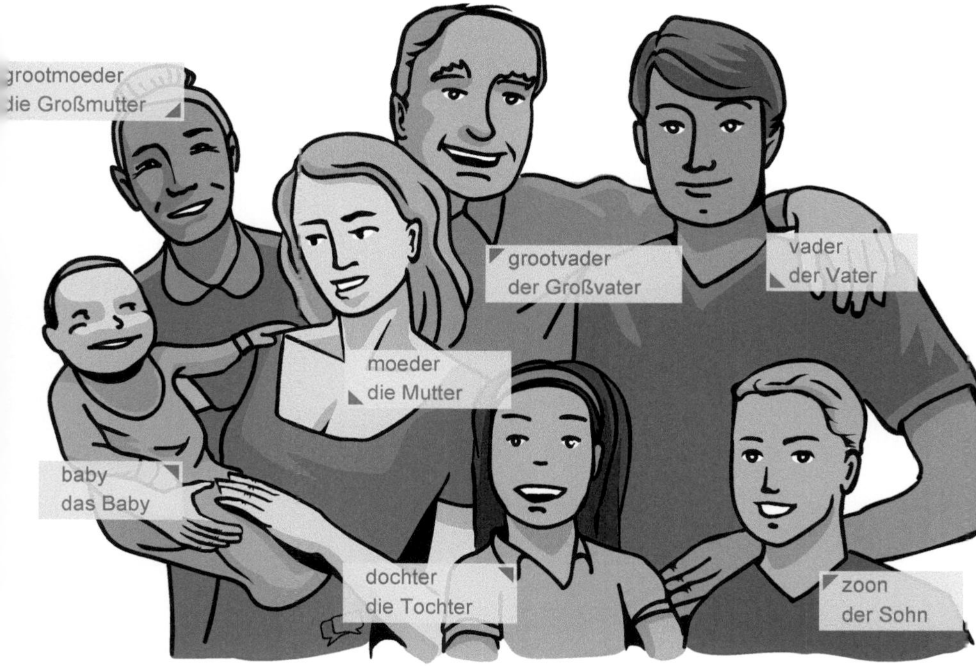

rootmoeder
ie Großmutter
grootvader
der Großvater
vader
der Vater
moeder
die Mutter
baby
das Baby
dochter
die Tochter
zoon
der Sohn

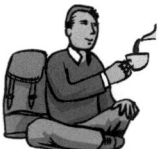

gast

der Gast

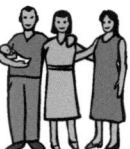

tante

die Tante

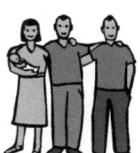

oom

der Onkel

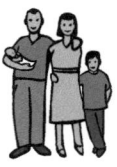

broer

der Bruder

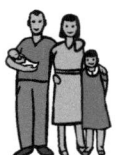

zus

die Schwester

lichaam

der Körper

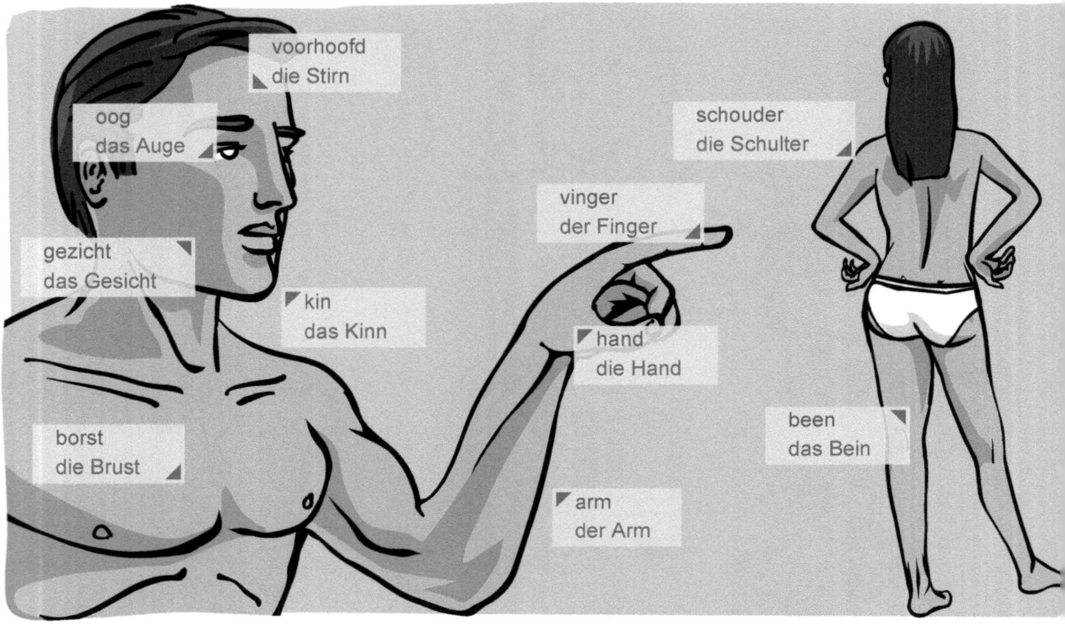

voorhoofd
die Stirn

oog
das Auge

schouder
die Schulter

vinger
der Finger

gezicht
das Gesicht

kin
das Kinn

hand
die Hand

borst
die Brust

been
das Bein

arm
der Arm

baby
das Baby

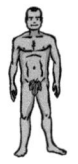

man
der Mann

vrouw
die Frau

meisje
das Mädchen

jongen
der Junge

hoofd
der Kopf

rug
....
der Rücken

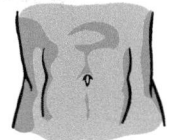

buik
....
der Bauch

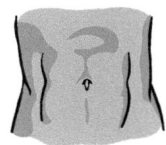

navel
....
der Nabel

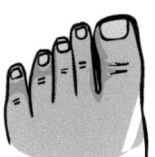

teen
....
der Zeh

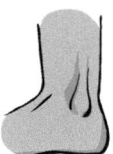

hiel
....
die Ferse

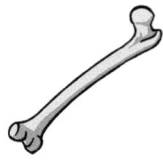

bot
....
der Knochen

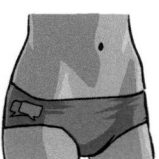

heup
....
die Hüfte

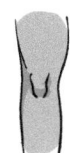

knie
....
das Knie

elleboog
....
der Ellenbogen

neus
....
die Nase

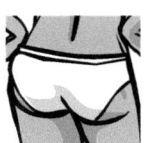

achterwerk
....
das Gesäß

huid
....
die Haut

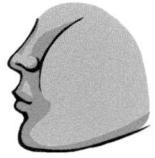

wang
....
die Wange

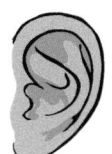

oor
....
das Ohr

lippen
....
die Lippe

mond

der Mund

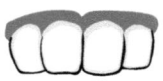

tand

der Zahn

tong

die Zunge

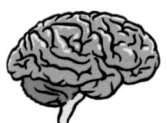

hersenen

das Gehirn

hart

das Herz

spier

der Muskel

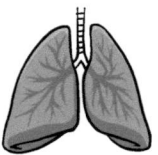

long

die Lunge

lever

die Leber

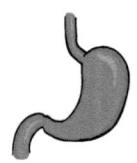

maag

der Magen

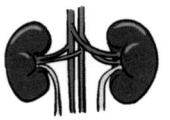

nieren

die Nieren

geslachtsgemeenschap

der Geschlechtsverkehr

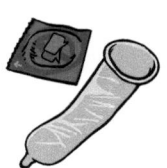

condoom

das Kondom

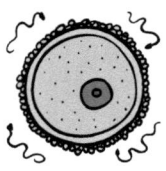

eicel

die Eizelle

sperma

das Sperma

zwangerschap

die Schwangerschaft

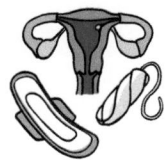

menstruatie
die Menstruation

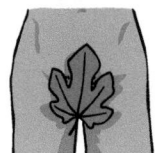

vagina
die Vagina

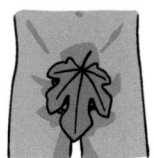

penis
der Penis

wenkbrauw
die Augenbraue

haar
das Haar

hals
der Hals

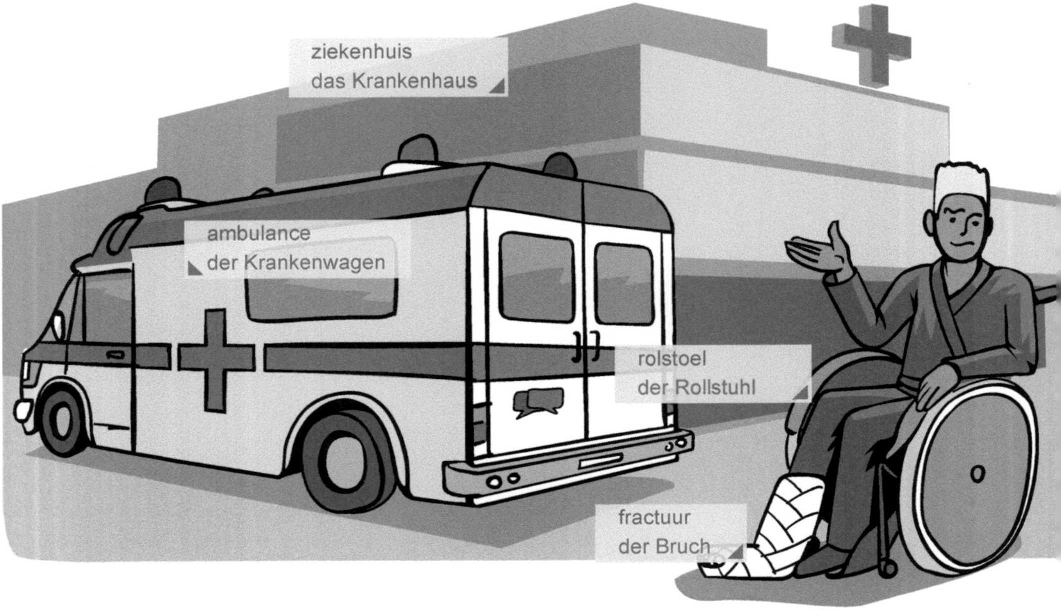

ziekenhuis
das Krankenhaus

ambulance
der Krankenwagen

rolstoel
der Rollstuhl

fractuur
der Bruch

dokter
der Arzt

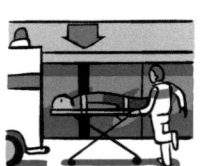

EHBO
die Notaufnahme

verpleegster
die Krankenschwester

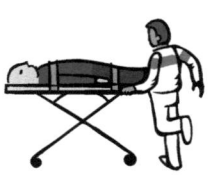

noodgeval
der Notfall

bewusteloos
ohnmächtig

pijn
der Schmerz

verwonding
die Verletzung

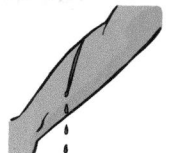

bloeding
die Blutung

hartaanval
der Herzinfarkt

beroerte
der Schlaganfall

allergie
die Allergie

hoest
der Husten

koorts
das Fieber

griep
die Grippe

diarree
der Durchfall

hoofdpijn
die Kopfschmerzen

kanker
der Krebs

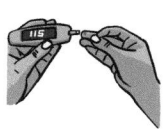

diabetes
die Diabetis

chirurg
der Chirurg

scalpel
das Skalpell

operatie
die Operation

CT
das CT

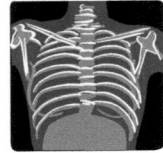

röntgen
das Röntgen

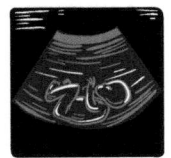

echografie
das Ultraschall

gezichtsmasker
die Maske

ziekte
die Krankheit

wachtkamer
das Wartezimmer

kruk
die Krücke

pleister
das Pflaster

verband
der Verband

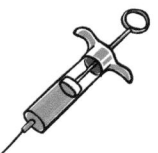

injectie
die Injektion

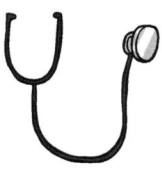

stethoscoop
das Stethoskop

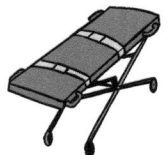

brancard
die Trage

thermometer
das Thermometer

geboorte
die Geburt

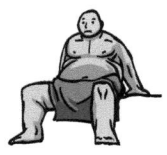

overgewicht
das Übergewicht

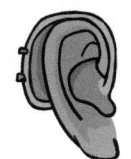

gehoorapparaat

das Hörgerät

ontsmettingsmiddel

das Desinfektionsmittel

infectie

die Infektion

virus

das Virus

HIV / AIDS

das HIV / AIDS

medicijn

die Medizin

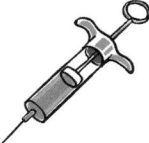

inenting

die Impfung

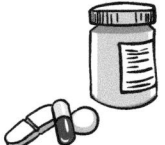

tabletten

die Tabletten

pil

die Pille

alarmnummer

der Notruf

bloeddrukmeter

das Blutdruck-Messgerät

ziek / gezond

krank / gesund

Help!

Hilfe!

alarm

der Alarm

overval

der Überfall

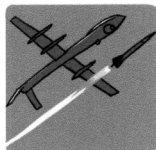

aanval

der Angriff

gevaar

die Gefahr

nooduitgang

der Notausgang

Brand!

Feuer!

brandblusser

der Feuerlöscher

ongeluk

der Unfall

EHBO-koffer

der Erste-Hilfe-Koffer

SOS

SOS

politie

die Polizei

Europa

das Europa

Noord-Amerika

das Nordamerika

Zuid-Amerika

das Südamerika

Afrika

das Afrika

Azië

das Asien

Australië

das Australien

Atlantische Oceaan

der Atlantik

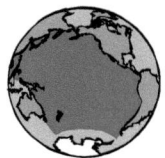

Stille Oceaan

der Pazifik

Indische Oceaan

der Indische Ozean

Zuidelijke Oceaan

der Antarktische Ozean

Noordelijke IJszee

der Arktische Ozean

Noordpool

der Nordpol

Zuidpool
der Südpol

Antarctica
die Antarktis

aarde
die Erde

land
das Land

zee
das Meer

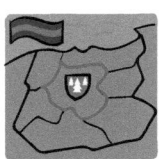

eiland
die Insel

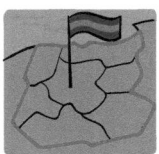

natie
die Nation

staat
der Staat

wijzerplaat

das Zifferblatt

uurwijzer

der Stundenzeiger

minutenwijzer

der Minutenzeiger

secondewijzer

der Sekundenzeiger

Hoe laat is het?

Wie spät ist es?

dag

der Tag

tijd

die Zeit

nu

jetzt

digitaal horloge

die Digitaluhr

minuut

die Minute

uur

die Stunde

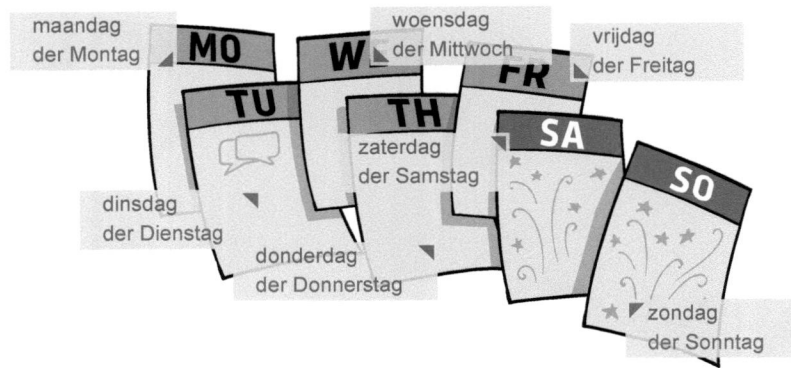

maandag
der Montag

woensdag
der Mittwoch

vrijdag
der Freitag

dinsdag
der Dienstag

donderdag
der Donnerstag

zaterdag
der Samstag

zondag
der Sonntag

gisteren

gestern

vandaag

heute

morgen

morgen

ochtend

der Morgen

middag

der Mittag

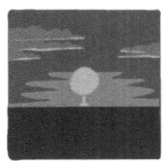

avond

der Abend

werkdagen

die Arbeitstage

weekend

das Wochenende

jaar

das Jahr

regen
der Regen
regenboog
der Regenbogen
sneeuw
der Schnee
wind
der Wind
voorjaar
der Frühling
herfst
der Herbst
zomer
der Sommer
winter
der Winter

4.APRIL 11°
5.APRIL 4°
6.APRIL 13°
7.APRIL 8°
8.APRIL 10°

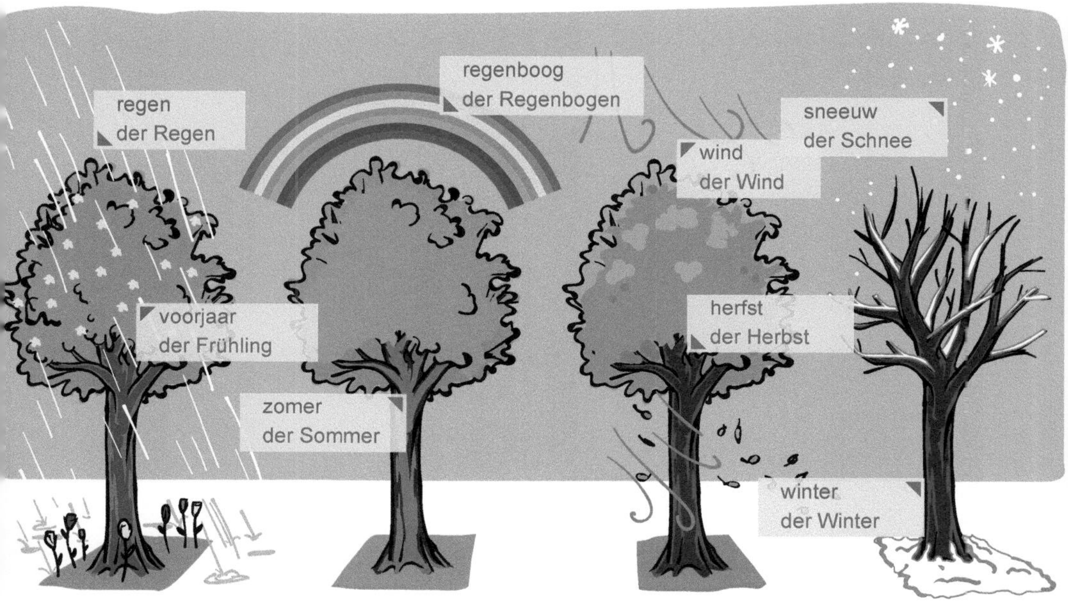

weerbericht

die Wettervorhersage

F C
120 40
90 30
60 20
30 10
0 0
-30 -10
-20

thermometer

das Thermometer

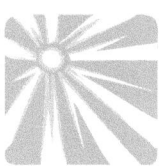

zonneschijn

der Sonnenschein

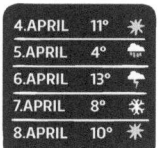

wolk

die Wolke

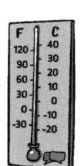

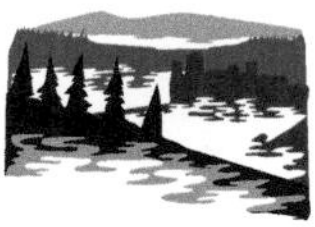

mist

der Nebel

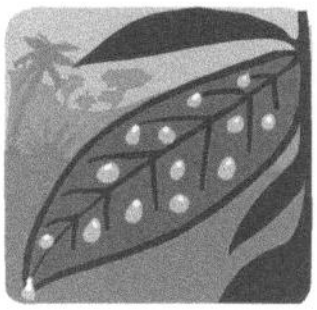

luchtvochtigheid

die Luftfeuchtigkeit

bliksem

der Blitz

donder

der Donner

storm

der Sturm

hagel

der Hagel

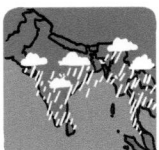

moesson

der Monsun

overstroming

die Flut

ijs

das Eis

januari

der Januar

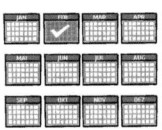

februari

der Februar

maart

der März

april

der April

mei

der Mai

juni

der Juni

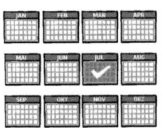

juli

der Juli

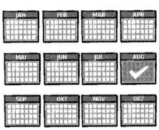

augustus

der August

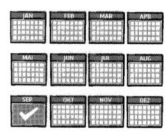

september
....
der September

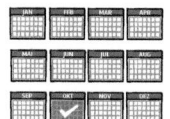

oktober
....
der Oktober

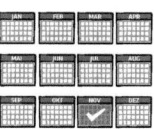

november
....
der November

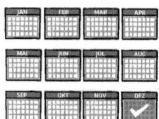

december
....
der Dezember

cirkel
....
der Kreis

vierkant
....
das Quadrat

rechthoek
....
das Rechteck

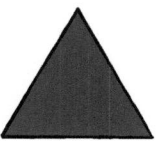

driehoek
....
das Dreieck

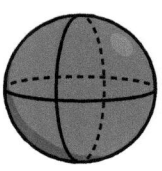

bol
....
die Kugel

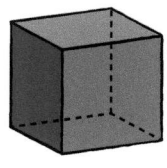

kubus
....
der Würfel

wit
....
weiß

geel
....
gelb

oranje
....
orange

roze
....
pink

rood
....
rot

paars
....
lila

blauw
....
blau

groen
....
grün

bruin
....
braun

grijs
....
grau

zwart
....
schwarz

veel / weinig

viel / wenig

boos / rustig

wütend / friedlich

mooi / lelijk

hübsch / hässlich

begin / einde

der Anfang / das Ende

groot / klein

groß / klein

licht / donker

hell / dunkel

broer / zus

der Bruder / die Schwester

schoon / vies

sauber / schmutzig

volledig / onvolledig

vollständig / unvollständ g

dag/ nacht

der Tag / die Nacht

dood / levend

tot / lebendig

breed / smal

breit / schmal

eetbaar / oneetbaar

genießbar / ungenießbar

gemeen / aardig

böse / freundlich

opgewonden / verveeld

aufgeregt / gelangweilt

dik / dun

dick / dünn

eerste / laatste

zuerst / zuletzt

vriend / vijand

der Freund / der Feind

vol / leeg

voll / leer

hard / zacht

hart / weich

zwaar / licht

schwer / leicht

honger / dorst

der Hunger / der Durst

ziek / gezond

krank / gesund

illegaal / legaal

illegal / legal

intelligent / dom

intelligent / dumm

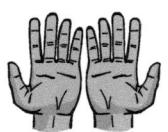

links / rechts

links / rechts

dichtbij / ver

nah / fern

nieuw / gebruikt

neu / gebraucht

niets / iets

nichts / etwas

oud / jong

alt / jung

aan / uit

an / aus

open / gesloten

offen / geschlossen

zacht / luid

leise / laut

rijk / arm

reich / arm

goed / fout

richtig / falsch

ruw / glad

rau / glatt

verdrietig / gelukkig

traurig / glücklich

kort / lang

kurz / lang

langzaam / snel

langsam / schnell

nat / droog

nass / trocken

warm / koel

warm / kühl

oorlog / vrede

der Krieg / der Frieden

0

nul
....
null

1

één
....
eins

2

twee
....
zwei

3

drie
....
drei

4

vier
....
vier

5

vijf
....
fünf

6

zes
....
sechs

7

zeven
....
sieben

8

acht
....
acht

9

negen
....
neun

10

tien
....
zehn

11

elf
....
elf

12

twaalf

zwölf

13

dertien

dreizehn

14

veertien

vierzehn

15

vijftien

fünfzehn

16

zestien

sechzehn

17

zeventien

siebzehn

18

achttien

achtzehn

19

negentien

neunzehn

20

twintig

zwanzig

100

honderd

hundert

1.000

duizend

tausend

1.000.000

miljoen

million

Engels

Englisch

Amerikaans Engels

Amerikanisches Englisch

Chinees Mandarijn

Chinesisch Mandarin

Hindi

Hindi

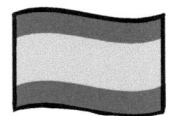

Spaans

Spanisch

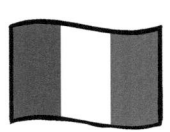

Frans

Französisch

Arabisch

Arabisch

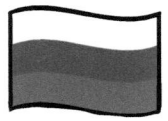

Russisch

Russisch

Portugees

Portugiesisch

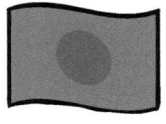

Bengalees

Bengalisch

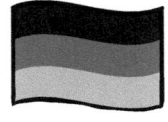

Duits

Deutsch

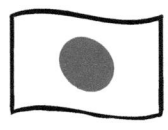

Japans

Japanisch

ik

ich

jij

du

hij / zij / het

er / sie / es

wij

wir

jullie

ihr

zij

sie

wie?

wer?

wat?

was?

hoe?

wie?

waar?

wo?

wanneer?

wann?

naam

Name

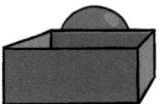

achter
....
hinter

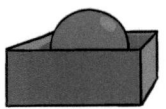

in
....
in

voor
....
vor

boven
....
über

op
....
auf

onder
....
unter

naast
....
neben

tussen
....
zwischen

plaats
....
der Ort